Impressum
Verlag: BABADADA GmbH, Nedderfeld 112 , 22529 Hamburg
Geschäftsführer / Verlagsleitung: Harald Hof
Druck: Books on Demand GmbH, In de Tarpen 42, 22848 Norderstedt

Imprint
Publisher: BABADADA GmbH, Nedderfeld 112 , 22529 Hamburg, Germany
Managing Director / Publishing direction: Harald Hof
Print: Books on Demand GmbH, In de Tarpen 42, 22848 Norderstedt

colegio

училище

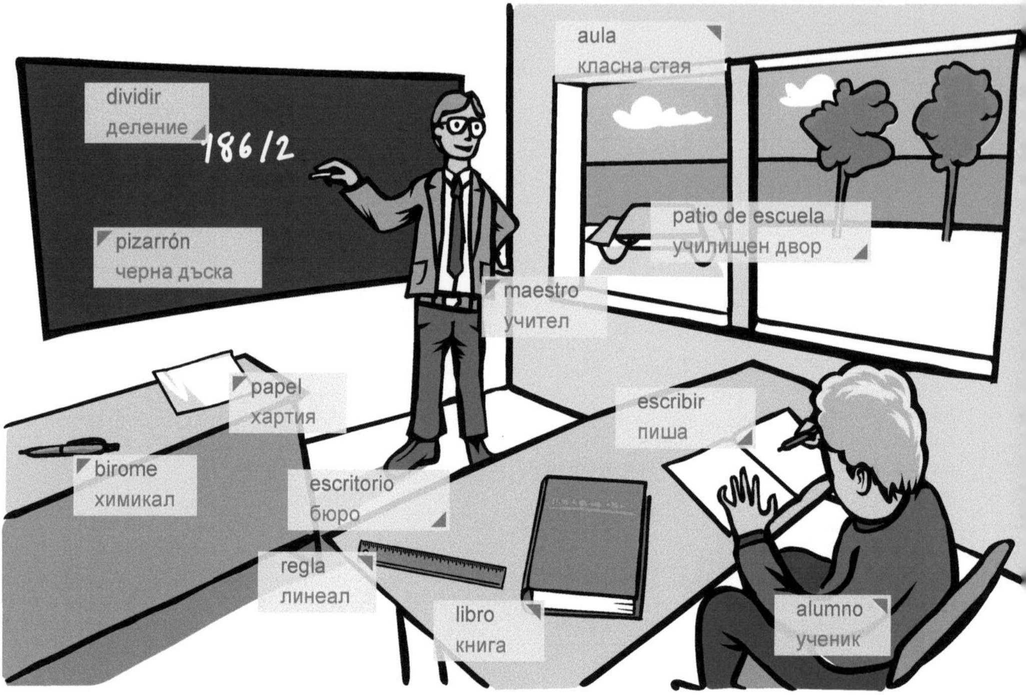

aula
класна стая
dividir
деление
186/2
pizarrón
черна дъска
patio de escuela
училищен двор
maestro
учител
papel
хартия
escribir
пиша
birome
химикал
escritorio
бюро
regla
линеал
libro
книга
alumno
ученик

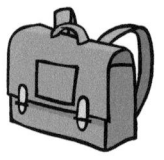

mochila

ученическа раница

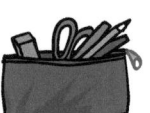

caja de lápices

ученически несесер

lápiz

молив

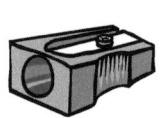

sacapuntas

острилка за моливи

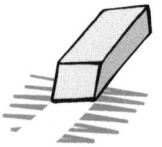

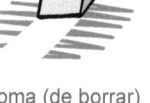

goma (de borrar)

гума

bloc de dibujo

блок за рисуване

dibujo

рисунка

pincel

четка

caja de pinturas

акварелни бои

tijera

ножица

pegamento

лепило

cuaderno de ejercicios

тетрадка за упражнения

tarea

домашна работа

número

число

sumar

събиране

restar

изваждане

multiplicar

умножение

calcular

смятане

letra

буква

abecedario

азбука

palabra

дума

texto

текст

leer

чета

tiza

тебешир

lección

час

cuaderno de clase

дневник на класа

examen

изпит

certificado

свидетелство

uniforme escolar

ученическа униформа

educación

образование

enciclopedia

справочник

universidad

университет

microscopio

микроскоп

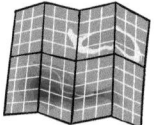

mapa

карта

tacho (de basura)

кошче за хартиени
отпадъци

viaje

пътуване

hotel
хотел
Grand
hostel
хостел
ROOMS
casa de cambio
обменно бюро
EXCHANGE
valija
куфар
auto
кола

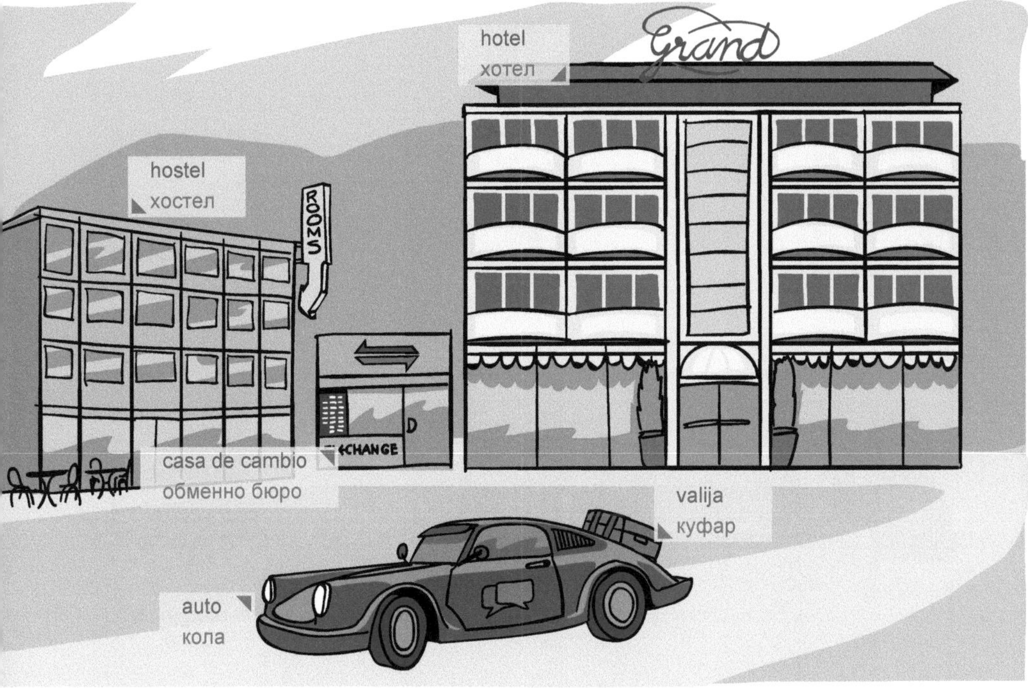

idioma

език

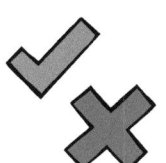

sí / no

да / не

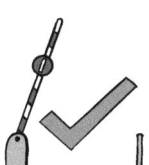

Está bien

Окей

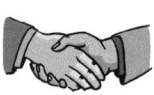

hola

здравей

traductor

преводач

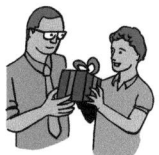

Gracias

Благодаря

¿cuánto cuesta…?

Колко струва…?

No entiendo

Не разбирам

problema

проблем

¡Buenas tardes!

Добър вечер!

¡Buenos días!

Добро утро!

¡Buenas noches!

Лека нощ!

adiós

довиждане

dirección

посока

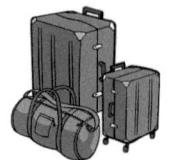

equipaje

багаж

bolso

пътна чанта

mochila

раница

invitado

посетител

habitación

стая

bolsa de dormir

спален чувал

carpa

палатка

información turística

туристическа информация

playa

плаж

tarjeta de crédito

кредитна карта

desayuno

закуска

almuerzo

обед

cena

вечеря

pasaje

билет

ascensor

асансьор

sello

пощенска марка

frontera

граница

aduana

митница

embajada

посолство

visa

виза

pasaporte

паспорт

transporte

транспорт

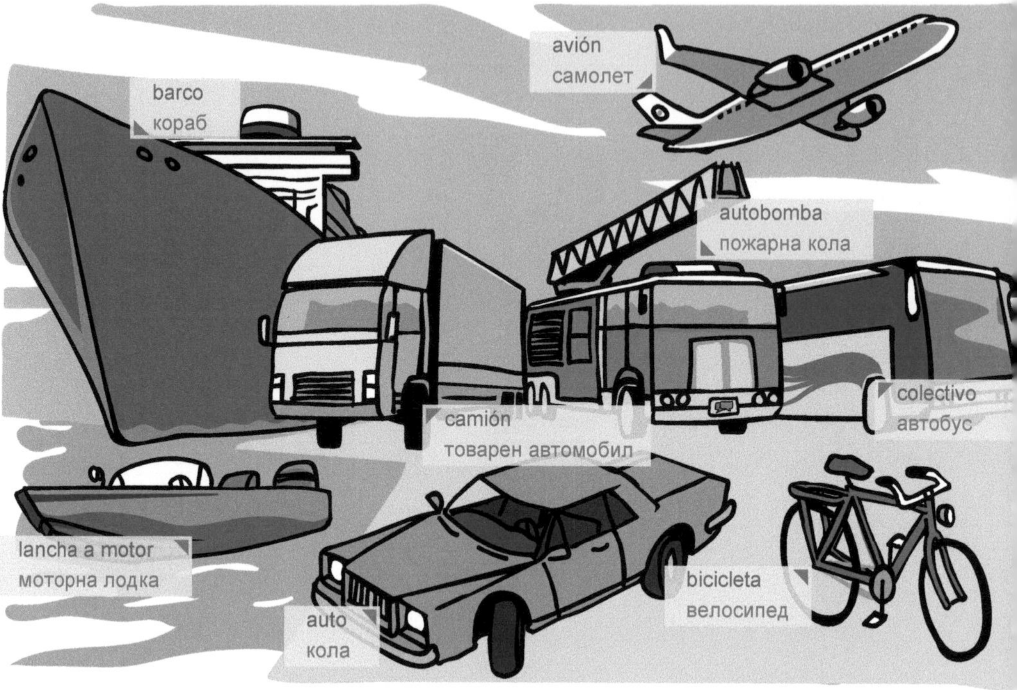
avión
самолет
barco
кораб
autobomba
пожарна кола
colectivo
автобус
camión
товарен автомобил
lancha a motor
моторна лодка
bicicleta
велосипед
auto
кола

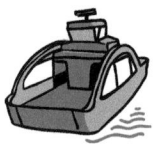

ferry

ферибот

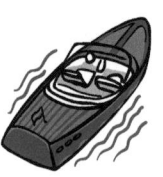

bote

лодка

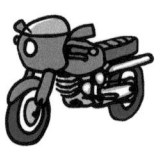

moto

мотоциклет

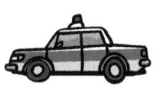

patrullero

полицейска кола

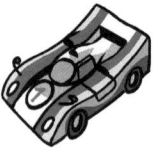

auto de carreras

състезателна кола

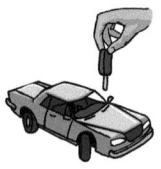

auto de alquiler

кола под наем

alquiler de autos

каршеринг

grúa

автомобил от "Пътна помощ"

camión de basura

сметовоз

motor

двигател

nafta

бензин

estación de servicio

бензиностанция

señal de tránsito

пътен знак

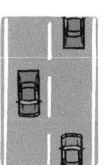

tránsito

улично движение

embotellamiento

задръстване

estacionamiento

паркинг

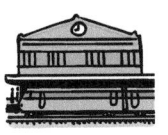

estación de tren

гара

vías

релси

tren

влак

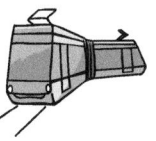

tranvía

трамвай

vagón

вагон

helicóptero

хеликоптер

aeropuerto

аерогара

torre

кула

pasajero

пасажер

contenedor

контейнер

caja de cartón

кашон

carretilla

ръчна количка

canasta

кошница

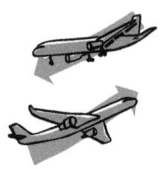

despegar / aterrizar

излитам / приземявам се

ciudad

град

pueblo

село

centro de ciudad

градски център

casa

къща

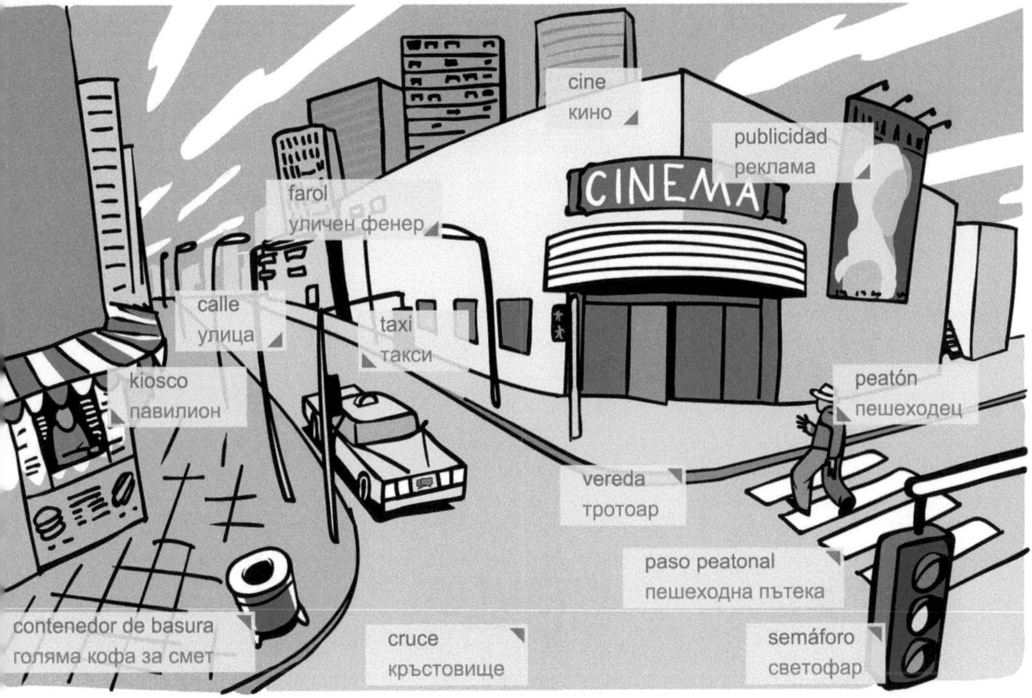

cine
кино

publicidad
реклама

farol
уличен фенер

calle
улица

taxi
такси

kiosco
павилион

peatón
пешеходец

vereda
тротоар

paso peatonal
пешеходна пътека

contenedor de basura
голяма кофа за смет

cruce
кръстовище

semáforo
светофар

CINEMA

cabaña

хижа

departamento

жилище

estación de tren

гара

municipalidad

кметство

museo

музей

colegio

училище

universidad

университет

banco

банка

hospital

болница

hotel

хотел

farmacia

аптека

oficina

офис

librería

книжарница

negocio

магазин за цветя

florería

магазин за цветя

supermercado

супермаркет

mercado

пазар

grandes tiendas

универсален магазин

pescadería

търговец на риба

centro comercial

търговски център

puerto

пристанище

parque

парк

banco

пейка

puente

мост

escaleras

стълба

subte

метро

túnel

тунел

parada del colectivo

автобусна спирка

bar

бар

restaurante

ресторант

buzón

пощенска кутия

letrero

улична табелка

parquímetro

часовник за паркинг
престой

zoológico

зоологическа градина

pileta

плувен басейн

mezquita

джамия

granja

селски двор

contaminación

замърсяване на околната среда

cementerio

гробище

iglesia

църква

juegos infantiles

детска площадка

templo

храм

paisaje
пейзаж

hoja
листо

poste indicador
пътепоказател

camino
път

pradera
ливада

piedra
камък

árbol
дърво

excursionista
пътешественик

río
река

hierba
трева

flor
цвете

valle
долина

montaña
планина

lago
море

bosque
гора

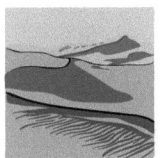

desierto
пустиня

volcán
вулкан

castillo
замък

arco iris
дъга

champiñón
гъба

palmera
палма

mosquito
комар

mosca
муха

hormiga
мравка

abeja
пчела

araña
паяк

escarabajo

бръмбар

rana

жаба

ardilla

катеричка

erizo

таралеж

liebre

заек

lechuza

кукумявка

pájaro

птица

cisne

лебед

jabalí

диво прасе

ciervo

елен

alce

лос

presa

бент

aerogenerador

вятърна турбина

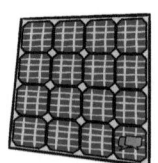

panel solar

соларен модул

clima

климат

restaurante
ресторант

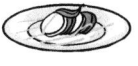

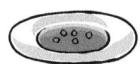

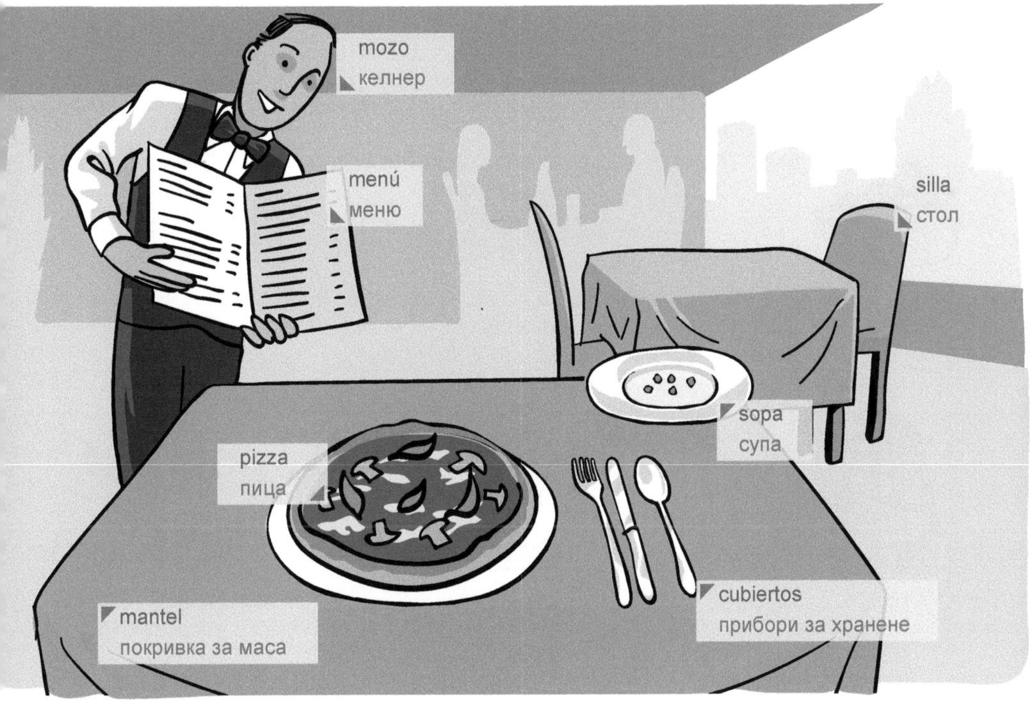
mozo
келнер
menú
меню
silla
стол
sopa
супа
pizza
пица
cubiertos
прибори за хранене
mantel
покривка за маса

entrada

предястие

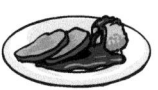

plato principal

основно ястие

postre

десерт

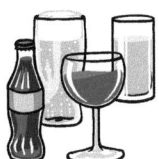

bebidas

напитки

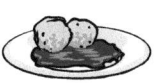

comida

ядене

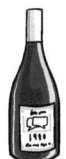

botella

бутилка

comida rápida

бързо хранене

comida callejera

улична храна

tetera

кана за чай

azucarera

кутия за захар

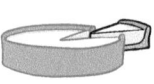

porción

порция

cafetera expreso

еспресо машина

sillita alta

висок детски стол

cuenta

сметка

bandeja

табла

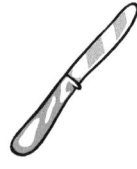

cuchillo

ножица за нокти

tenedor

вилица

cuchara

лъжица

cucharita

чаена лъжичка

servilleta

салфетка

vaso

стъклена чаша

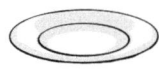

plato

чиния

plato hondo

чиния за супа

plato

чинийка

salsa

сос

salero

солница

molinillo de pimienta

мелничка за черен пипер

vinagre

оцет

aceite

олио

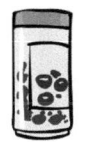

especias

подправки

kétchup

кетчуп

mostaza

горчица

mayonesa

майонеза

supermercado

супермаркет

oferta especial
оферта
FOR
cliente
клиент
lácteos
млечни продукти
fruta
плодове
changuito
количка за покупки

BUTCHERS

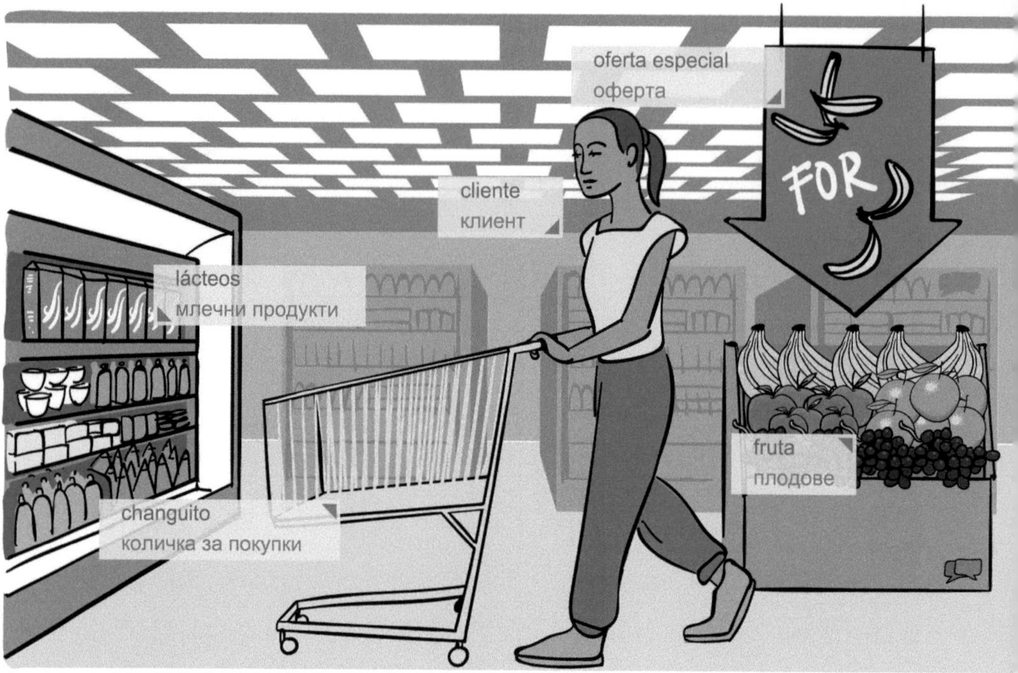

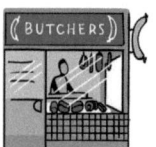

carnicería

кланица

BAKERY

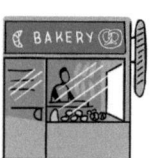

panadería

хлебарница

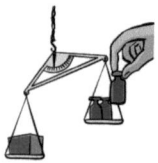

pesar

тегля

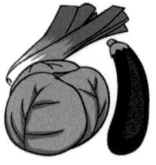

verduras

зеленчуци

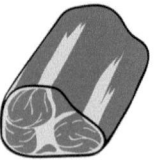

carne

месо

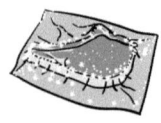

alimentos congelados

дълбоко замразена храна

fiambres

нарязан колбас или
сирене

alimentos enlatados

консерви

detergente en polvo

перилен препарат

golosinas

лакомства

electrodomésticos

домакински изделия

productos de limpieza

почистващи препарати

vendedora

продавачка

caja

каса

cajero

касиер

lista de compras

списък на покупките

horario de atención

работно време

billetera

портфейл

tarjeta de crédito

кредитна карта

cartera

чанта

bolsa de plástico

пластмасова торба

agua

вода

jugo

сок

leche

мляко

bebida cola

кола

vino

вино

cerveza

бира

alcohol

алкохол

cacao

какао

té

чай

café

кафе машина

café expreso

еспресо

cappuccino

капучино

banana

банан

manzana

ябълка

naranja

портокал

melón

пъпеш

limón

лимон

zanahoria

морков

ajo

чесън

bambú

бамбук

cebolla

лук

champiñón

гъба

nueces

ядки

fideos

макарони

tallarines

спагети

arroz

ориз

ensalada

салата

papas fritas

пържени картофи

papas fritas

печени картофи

pizza

пица

hamburguesa

хамбургер

sándwich

сандвич

churrasco

шницел

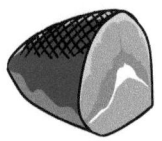

jamón

шунка

salame

траен колбас

salchicha

салам

pollo

пиле

asado

печено

pescado

риба

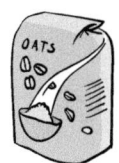

copos de avena

овесени ядки

muesli

мюсли

copos de maíz

корнфлейкс

harina

брашно

medialuna

кроасан

pancito

хлебчета

pan

хляб

tostada

препечена филийка

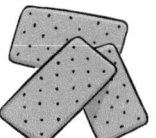

galletitas

бисквити

manteca

масло

cuajada

извара

torta

сладкиш

huevo

яйце

huevo frito

яйца на очи

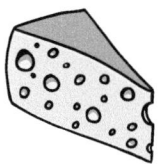

queso

сирене

helado

сладолед

azúcar

захар

miel

мед

mermelada

мармалад

pasta de chocolate

нуга крем

curry

къри

granja

селски двор

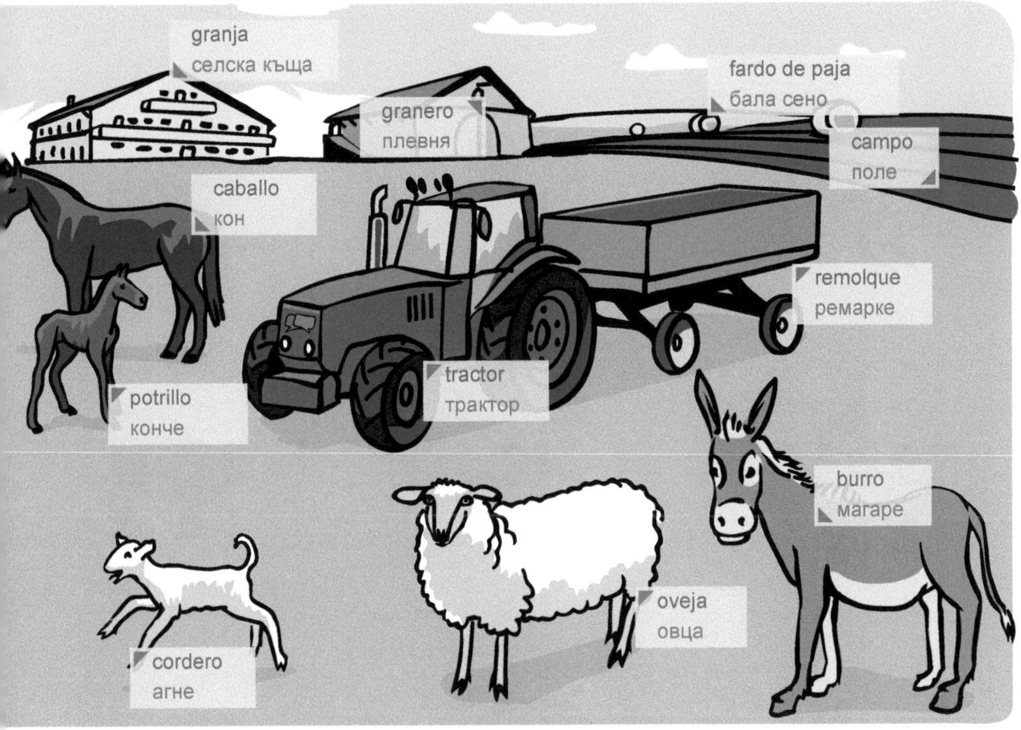

granja
селска къща
fardo de paja
бала сено
granero
плевня
campo
поле
caballo
кон
remolque
ремарке
tractor
трактор
potrillo
конче
burro
магаре
oveja
овца
cordero
агне

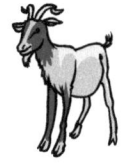

cabra

коза

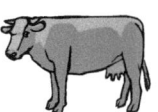

vaca

крава

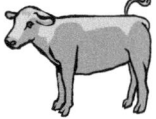

ternero

теле

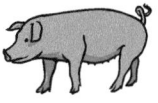

cerdo

свиня

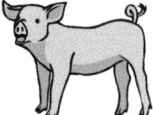

lechón

прасенце

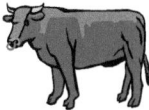

toro

бик

ganso

гъска

pato

патица

pollo

пиленце

gallina

кокошка

gallo

петел

rata

плъх

gato

котка

ratón

мишка

buey

вол

perro

куче

cucha

кучешка колиба

manguera

градински маркуч

regadera

лейка

guadaña

коса

arado

плуг

hoz

сърп

azada

мотика

horquilla

вила за тор

hacha

брадва

carretilla

ръчна количка

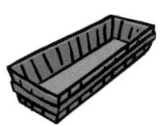

abrevadero

корито

lechera

съд за мляко

bolsa

чувал

reja

ограда

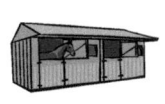

establo

обор

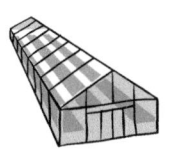

invernadero

парник

suelo

земя

semilla

сеитба

fertilizador

тор

cosechadora

комбайн

cosechar

жъна

cosecha

реколта

batatas

ямс

trigo

жито

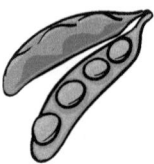

soja

соя

papa

картоф

maíz

царевица

semilla de colza

рапица

árbol frutal

овощно дърво

mandioca

маниока

cereales

зърнени храни

casa
къща

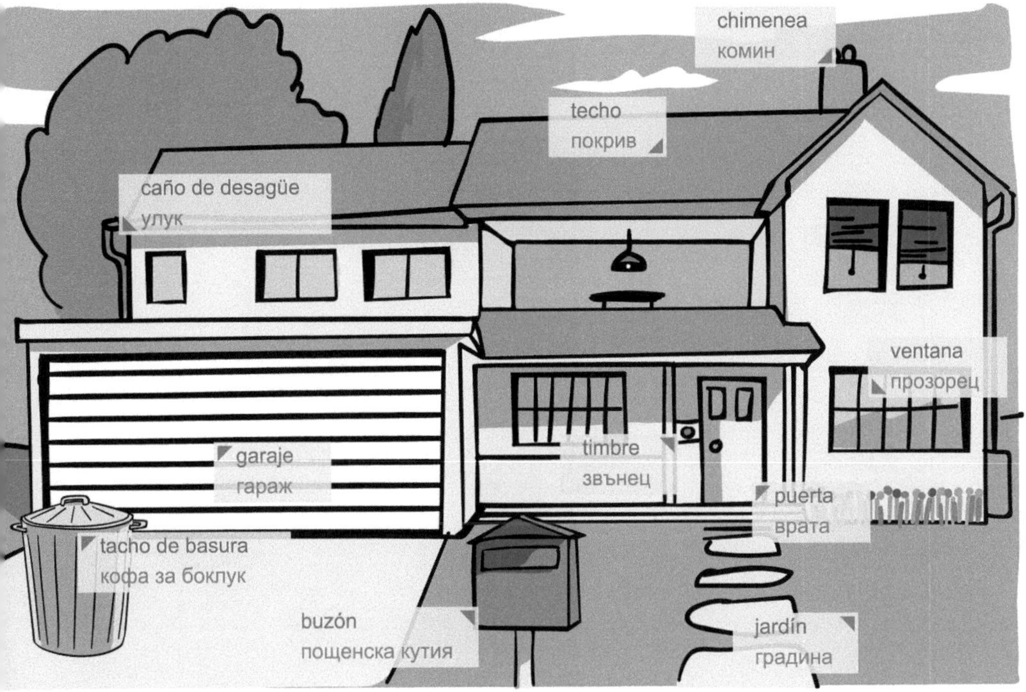

chimenea
комин
techo
покрив
caño de desagüe
улук
ventana
прозорец
timbre
звънец
garaje
гараж
puerta
врата
tacho de basura
кофа за боклук
buzón
пощенска кутия
jardín
градина

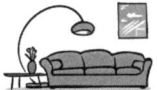

living
всекидневна

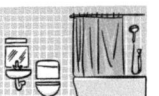

baño
баня

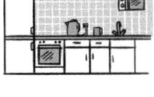

cocina
кухня

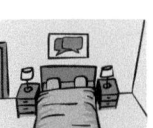

dormitorio
спалня

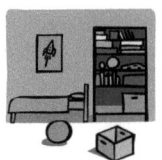

cuarto de los chicos
детска стая

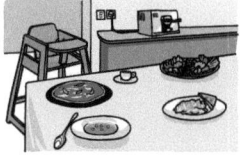

comedor
трапезария

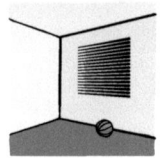

piso

под

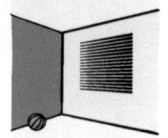

pared

стена

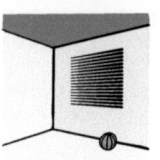

cielorraso

таван

sótano

изба

sauna

сауна

balcón

балкон

terraza

тераса

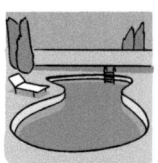

pileta

плувен басейн

cortadora de pasto

косачка

sábana

спално бельо

acolchado

покривка за легло

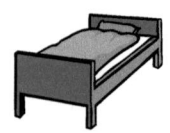

cama

легло

escoba

метла

balde

кофа

interruptor

електрически ключ

casa - къща

living

всекидневна

empapelado
тапет
imagen
картина
lámpara
лампа
estante
рафт
armario
шкаф
televisión
телевизор
chimenea
камина
flor
цвете
almohadón
възглавница
sofá
канапе
florero
ваза
control remoto
дистанционно управление

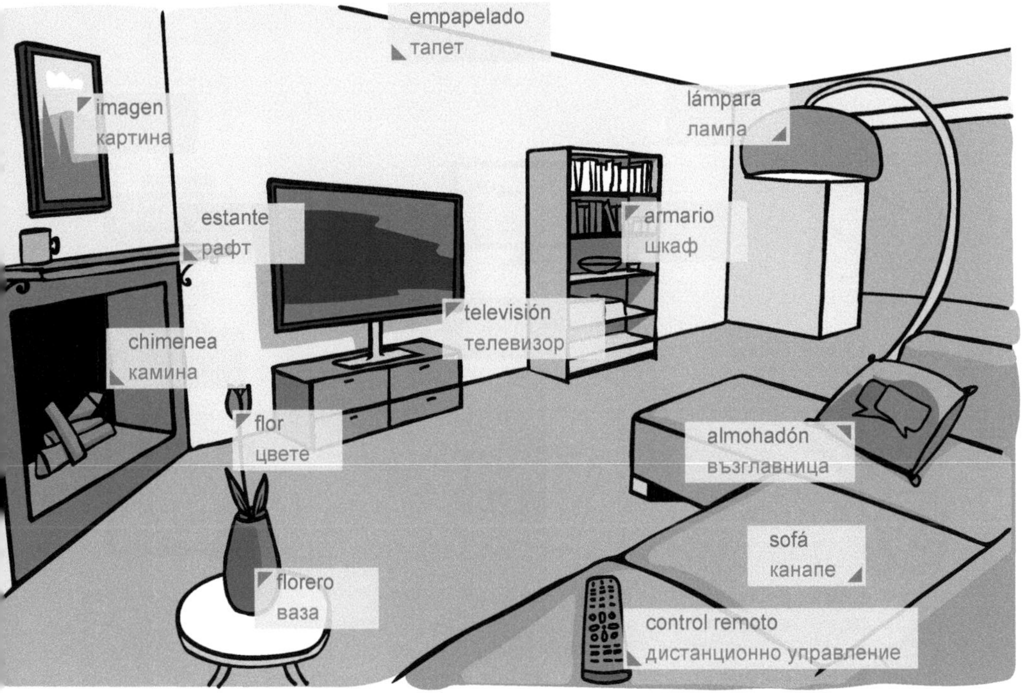

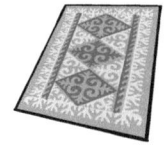

alfombra

килим

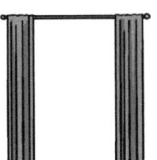

cortina

завеса

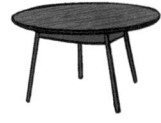

mesa

маса

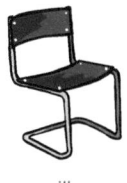

silla

стол

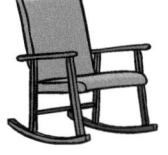

mecedora

люлеещ се стол

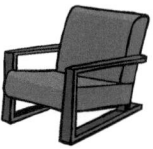

sillón

кресло

libro

книга

frazada

одеяло

decoración

декорация

leña

дърва за отопление

película

филм

equipo de música

стерео уредба

llave

ключ

diario

вестник

pintura

живопис

póster

постер

radio

радио

cuaderno

бележник

aspiradora

прахосмукачка

cactus

кактус

vela

свещ

cocina

кухня

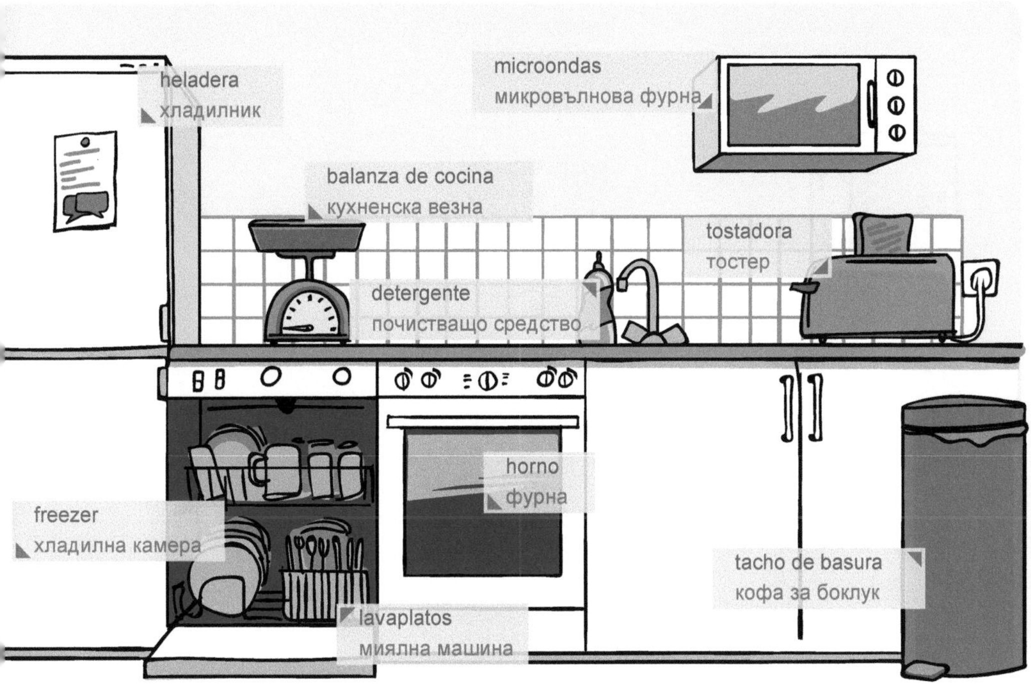

heladera
хладилник
microondas
микровълнова фурна
balanza de cocina
кухненска везна
tostadora
тостер
detergente
почистващо средство
horno
фурна
freezer
хладилна камера
tacho de basura
кофа за боклук
lavaplatos
миялна машина

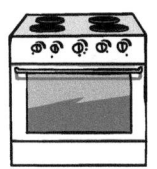

cocina

готварска печка

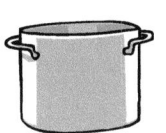

olla

тенджера

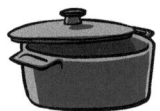

olla de hierro fundido

желязна тенджера

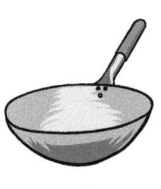

wok

уок / кадаи

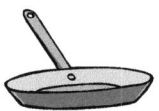

sartén

тиган

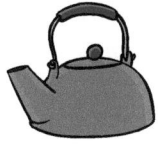

pava

кана за затопляне на вода

vaporera

уред за готвене на пара

bandeja de horno

тава за печене

vajilla

съдове

taza

чаша

bol

купа

palitos

клечки за хранене

cucharón

черпак

estpátula

лопатка за тиган

batidora

тел за разбиване (на яйца,
белтъци)

colador

кошница за варене

colador

гевгир

rallador

ренде

mortero

хаван

parrilla

барбекю

fogata

огнище

tabla de picar

дъска

palo de amasar

точилка

sacacorchos

тирбушон

lata

кутия

abrelatas

отварачка за консерви

manopla

кухненска ръкохватка

pileta

мивка

cepillo

четка

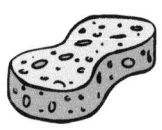

esponja

гъба

batidora

миксер

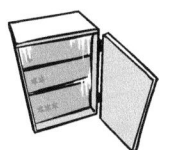

congelador

фризер

mamadera

бебешко шише

canilla

воден кран

baño
баня

ducha
душ
calefacción
отопление
toalla
хавлиена кърпа
cortina de ducha
завеса за баня
baño de espuma
шампоан за вана
bañadera
вана
vaso
стъклена чаша
lavarropas
перална машина
canilla
воден кран
baldosas
плочки
pelela
гърне
pileta
мивка

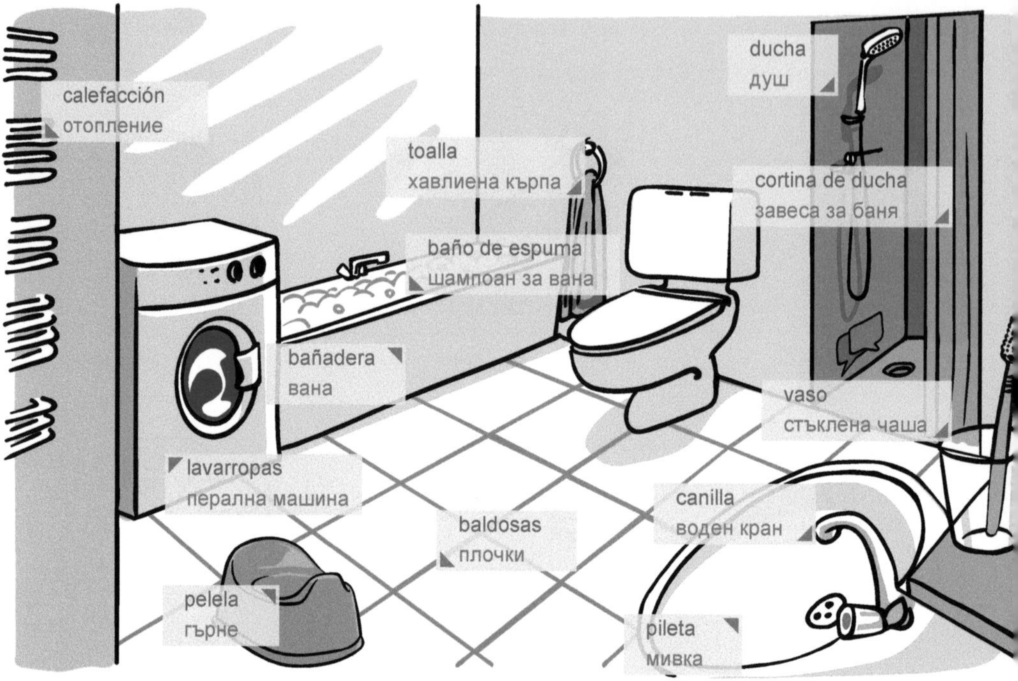

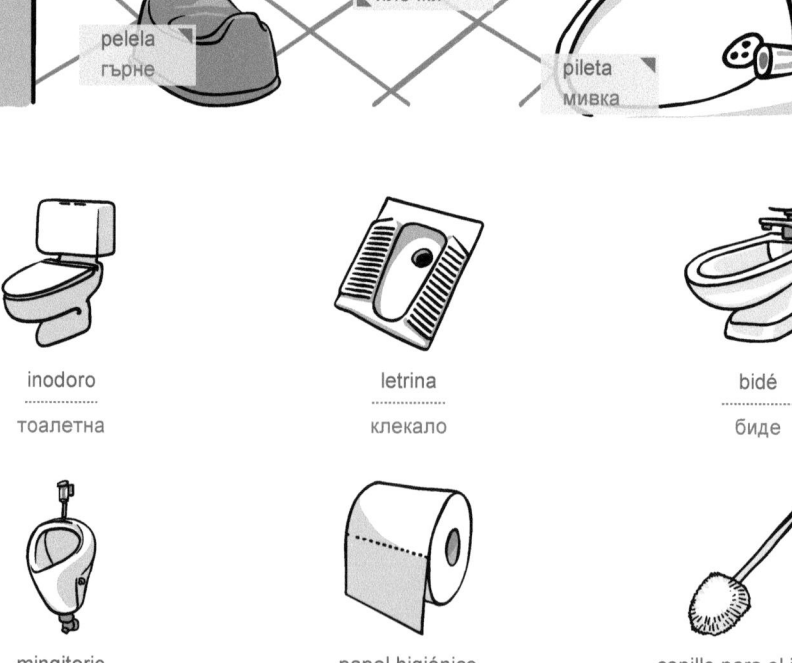

inodoro

тоалетна

letrina

клекало

bidé

биде

mingitorio

писоар

papel higiénico

тоалетна хартия

cepillo para el inodoro

четка за тоалетна

cepillo de dientes

четка за зъби

dentífrico

паста за зъби

hilo dental

конец за зъби

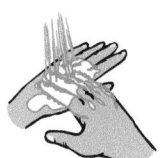

lavar

мия

ducha de mano

ръчен душ

ducha higiénica

интимен душ

palangana

леген

cepillo para espalda

четка за гръб

jabón

сапун

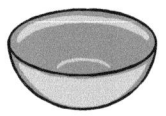

gel de ducha

душ гел

shampoo

шампоан за вана

toallita

гъба за баня

desagüe

сифон

crema

крем

desodorante

дезодорант

espejo

огледало

espejito

козметично огледало

maquinita de afeitar

ръчна самобръсначка

espuma de afeitar

пяна за бръснене

aftershave

одеколон за след
бръснене

peine

гребен

cepillo

четка

secador de pelo

сешоар

spray

спрей за коса

maquillaje

грим

lápiz de labios

червило

esmalte para uñas

лак за нокти

algodón

памук

tijera para uñas

ножица за нокти

perfume

парфюм

portacosméticos

тоалетна чантичка

banqueta

табуретка

balanza

везна

bata

хавлия

guantes de goma

домакински ръкавици

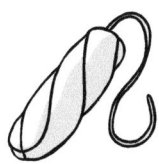

tampón

тампон

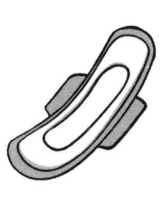

toallita femenina

дамски превръзки

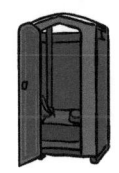

baño químico

химическа тоалетна

cuarto de los chicos

детска стая

despertador
будилник
peluche
плюшена играчка
coche de juguete
автомобил играчка
sonajero
дрънкалка
casa de muñecas
къща за кукли
regalo
подарък

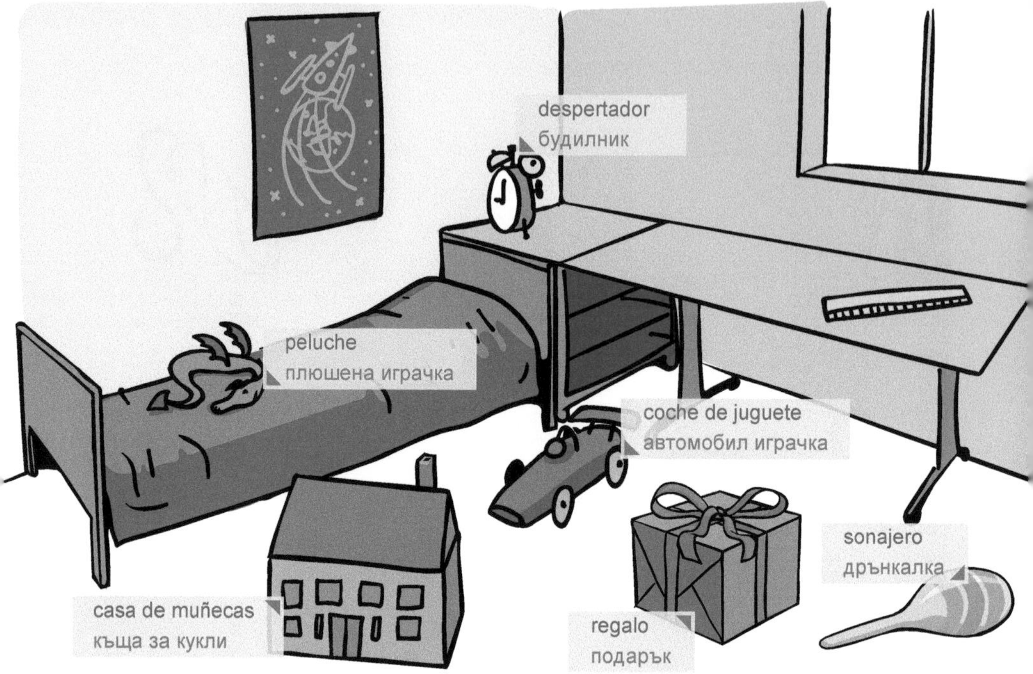

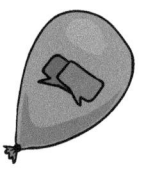

globo

балон

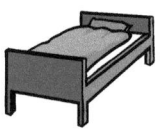

cama

легло

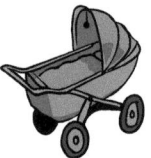

cochecito

детска количка

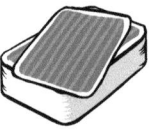

cartas

игра на карти

rompecabezas

пъзел

SUPER MEGA

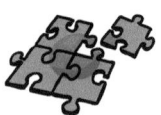

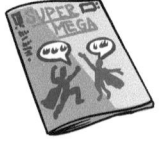

historieta

комикс

piezas de lego

лего елементи

ladrillos de juguete

строителни елементи

figura de acción

екшън фигурка

enterito (de bebé)

бебешки гащеризон

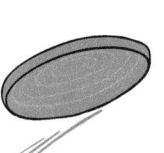

frisbee

фрисби

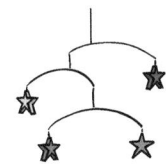

móvil para bebés

бебешки играчки за легло

juego de mesa

настолна игра

dados

зарче

tren eléctrico

миниатюрно влакче

chupete

биберон

fiesta

парти

libro de cuentos ilustrado

детска книга с илюстрации

pelota

топка

muñeca

кукла

jugar

играя

arenero

пясъчник

hamaca

люлка

juguetes

играчка

consola de videojuegos

игрова конзола

triciclo

велосипед с три колелета

osito de peluche

плюшено мече

armario

гардероб

ropa

облекло

medias

къси чорапи

medias panty

дълги чорапи

calzas

чорапогащник

bufanda
шал

paraguas
чадър

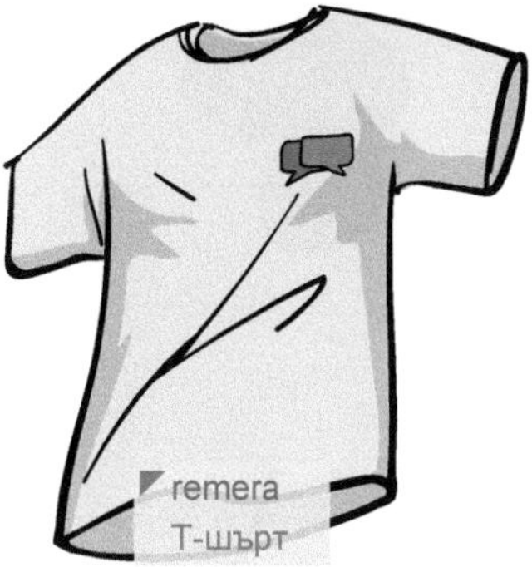

cinturón
колан

remera
Т-шърт

botas
ботуши

pantuflas
пантофи

zapatillas
гуменки

sandalias
сандали

zapatos
обувки

botas de goma
гумени ботуши

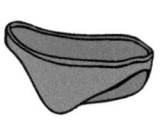

ropa interior
слип

corpiño
сутиен

chaleco
долна блуза

body
боди

pantalones
панталон

jeans
дънки

pollera
пола

blusa
блуза

camisa
риза

pulóver
пуловер

buzo
суичър

blazer
блейзър

campera
яке

tapado
палто

piloto
дъждобран

traje
костюм

vestido
рокля

vestido de novia
булчинска рокля

traje

костюм

camisón

нощница

pijama

пижама

sari

сари

pañuelo para cabeza

кърпа за глава

turbante

тюрбан

burka

бурка

caftán

кафтан

abaya

абая

traje de baño

бански костюм

short de baño

плувни шорти

shorts

къс панталон

jogging

анцуг

delantal

престилка

guantes

ръкавици

botón

копче

anteojos

очила

pulsera

гривна

collar

верижка

anillo

пръстен

aro

обеца

gorra

каскет

percha

закачалка

sombrero

шапка

corbata

вратовръзка

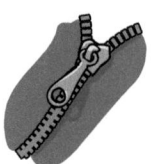

cierre

цип

casco

каска

tiradores

тиранти

uniforme escolar

ученическа униформа

uniforme

униформа

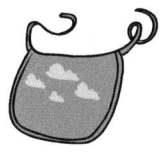

babero

лигавник

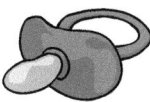

chupete

биберон

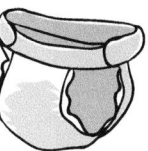

pañal

пелена

oficina

офис

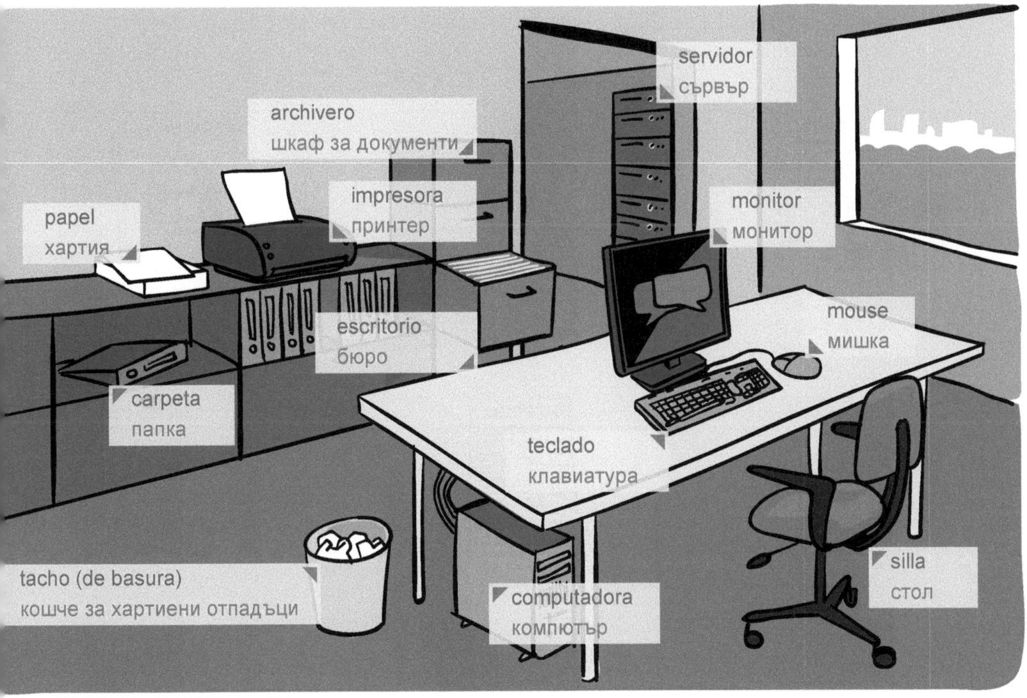
servidor
сървър
archivero
шкаф за документи
papel
хартия
impresora
принтер
monitor
монитор
mouse
мишка
escritorio
бюро
carpeta
папка
teclado
клавиатура
silla
стол
tacho (de basura)
кошче за хартиени отпадъци
computadora
компютър

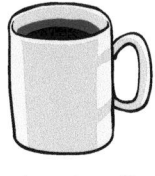

taza de café

чаша за кафе

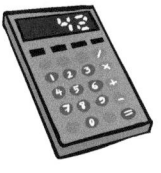

calculadora

джобен калкулатор

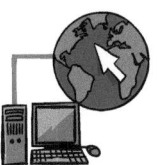

internet

интернет

laptop

лаптоп

carta

писмо

mensaje

съобщение

celular

мобилен телефон

red

мрежа

fotocopiadora

ксерокс

software

софтуер

teléfono

телефон

tomacorriente

контакт

fax

факс

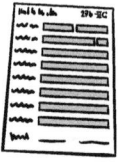

formulario

формуляр

documento

документ

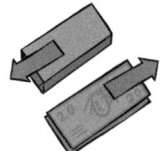

comprar

купувам

pagar

плащам

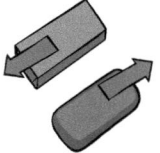

hacer negocios

търгувам

dinero

пари

USD

dólar

долар

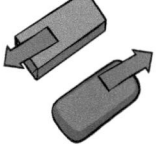EUR

euro

евро

JPY

yen

йена

RUB

rublo

рубла

CHF

franco suizo

швейцарски франк

CNY

yuan

ренминби юан

INR

rupia

рупия

cajero automático

банкомат

casa de cambio

обменно бюро

oro

злато

plata

сребро

petróleo

нефт

energía

енергия

precio

цена

contrato

договор

impuesto

данък

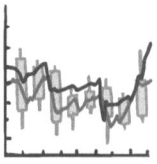

acción

акция

trabajar

работя

empleado

служител

empleador

работодател

fábrica

фабрика

negocio

магазин за цветя

ocupaciones

професии

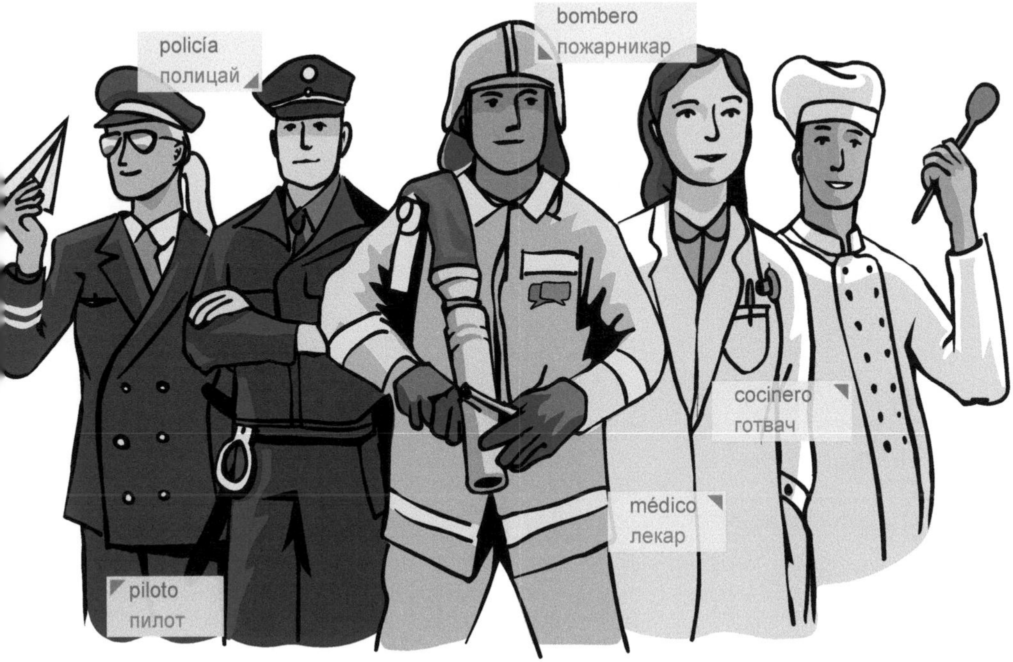

policía
полицай
bombero
пожарникар
cocinero
готвач
médico
лекар
piloto
пилот

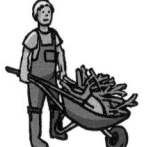

jardinero

градинар

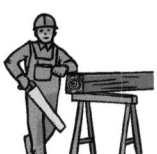

carpintero

мебелист

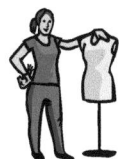

modista

шивачка

juez

съдия

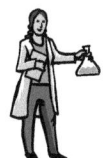

farmacéutico

химик

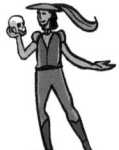

actor

артист

colectivero

шофьор на автобус

taxista

шофьор на такси

pescador

рибар

mucama

чистачка

techista

майстор на покриви

mozo

келнер

cazador

ловец

pintor

художник

panadero

хлебар

electricista

електротехник

albañil

строителен работник

ingeniero

инженер

carnicero

касапин

plomero

тенекеджия

cartero

пощальон

ocupaciones - професии

soldado

войник

arquitecto

архитект

cajero

касиер

florista

цветар

peluquero

фризьор

cobrador

кондуктор

mecánico

механик

capitán

капитан

dentista

зъболекар

científico

научен работник

rabino

равин

imán

имàм

monje

монах

sacerdote

свещеник

herramientas
инструменти

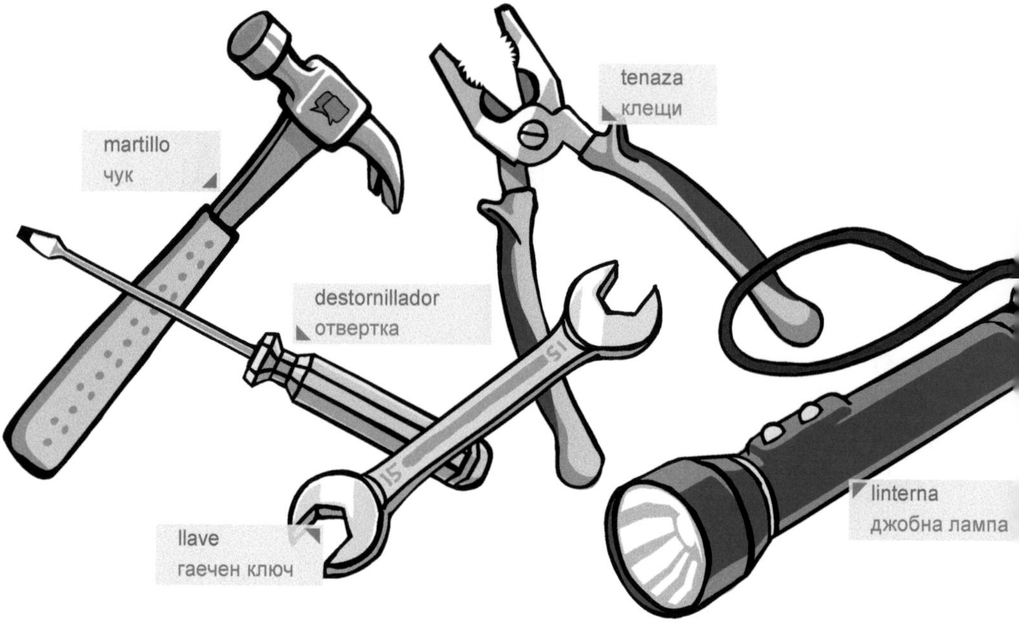
tenaza
клещи
martillo
чук
destornillador
отвертка
linterna
джобна лампа
llave
гаечен ключ

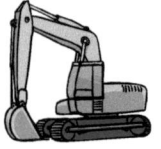

excavadora

багер

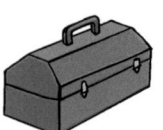

caja de herramientas

кутия за инструменти

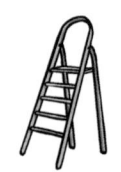

escalera portátil

стълба

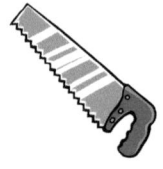

sierra

трион

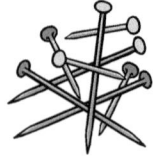

clavos

пирони

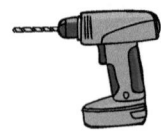

taladro

бормашина

arreglar

ремонтирам

pala de jardín

лопата

¡Qué bronca!

По дяволите!

pala de plástico

лопатка за смет

tacho de pintura

кутия за боя

tornillos

болтове

instrumentos musicales
музикални инструменти

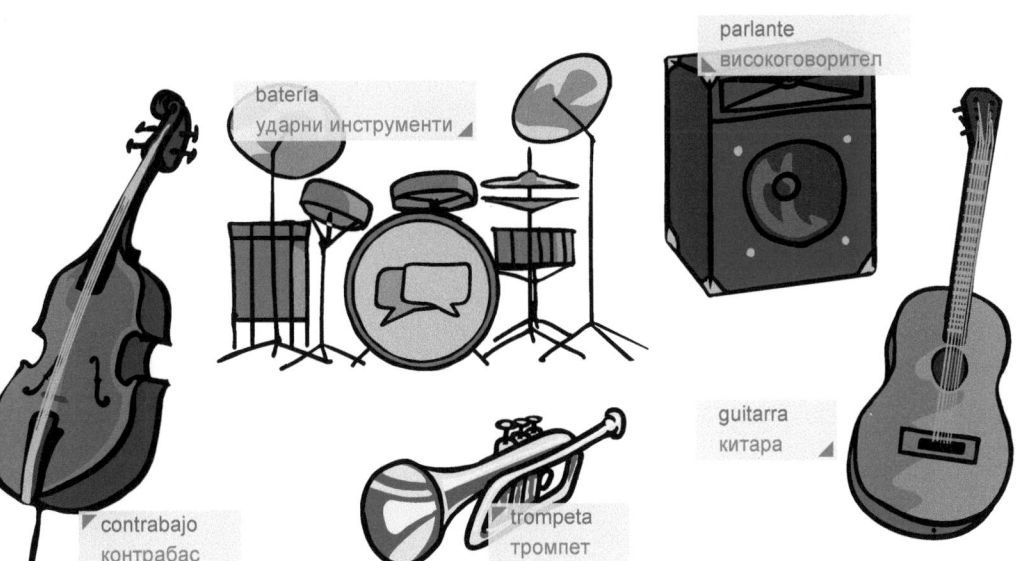

parlante
високоговорител

batería
ударни инструменти

guitarra
китара

contrabajo
контрабас

trompeta
тромпет

piano

пиано

violín

виолина

bajo

контрабас

timbales

тимпан

tambor

барабан

teclado

електрическо пиано

saxofón

саксофон

flauta

флейта

micrófono

микрофон

zoológico

зоологическа градина

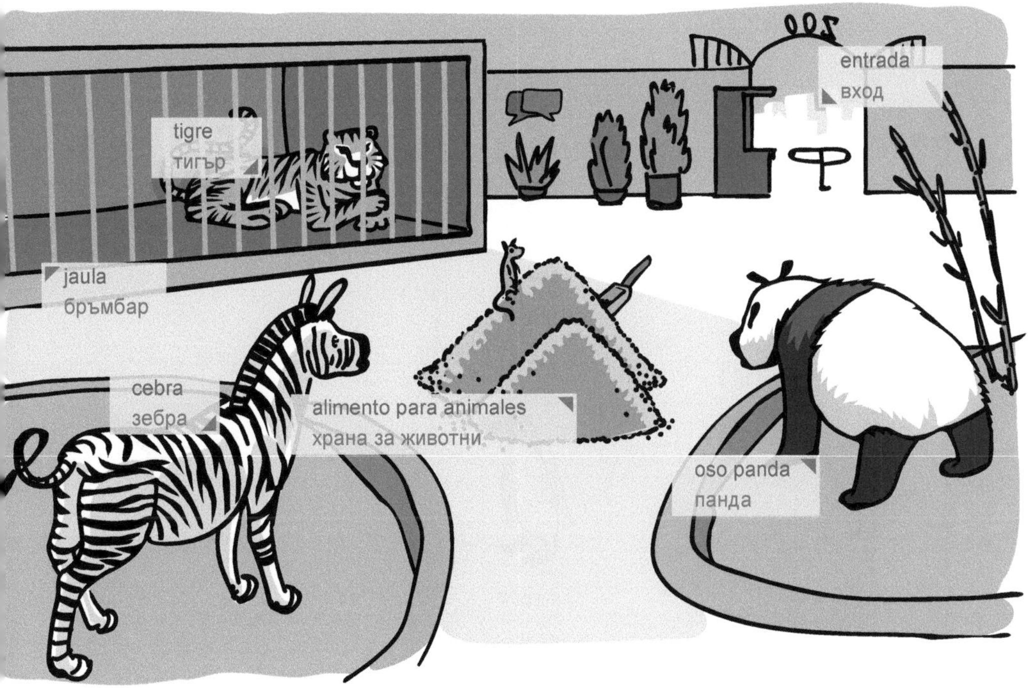

tigre
тигър
entrada
вход
jaula
бръмбар
cebra
зебра
alimento para animales
храна за животни
oso panda
панда

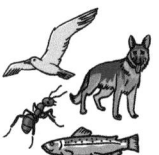

animales

животни

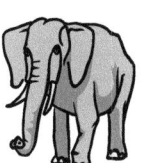

elefante

слон

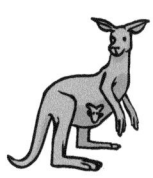

canguro

кенгуру

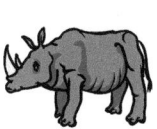

rinoceronte

носорог

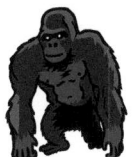

gorila

горила

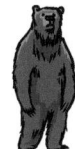

oso

мечка

camello

камила

avestruz

щраус

león

лъв

mono

маймуна

flamenco

фламинго

loro

папагал

oso polar

бяла мечка

pingüino

пингвин

tiburón

акула

pavo real

паун

serpiente

змия

cocodrilo

крокодил

cuidador del zoológico

пазач в зоологическа
градина

foca

тюлен

jaguar

ягуар

poni

пони

leopardo

леопард

hipopótamo

хипопотам

jirafa

жираф

águila

орел

jabalí

диво прасе

pescado

риба

tortuga

костенурка

morsa

морж

zorro

лисица

gacela

газела

fútbol americano
американски футбол

ciclismo
колоездене

tenis
тенис

básquet
баскетбол

natación
плуване

boxeo
бокс

hockey sobre hielo
хокей на лед

fútbol
футбол

bádminton
бадминтон

atletismo
лека атлетика

handball
хандбал

esquí
ски бягане

polo
поло

reír
смея се

saltar
скачам

abrazar
прегръщам

caminar
вървя

cantar
пея

soñar
сънувам

rezar
моля се

besar
целувам

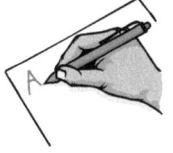

escribir

пиша

dibujar

рисувам

mostrar

показвам

presionar

бутам

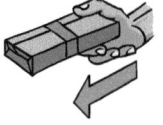

dar

давам

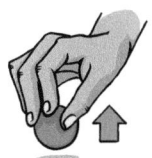

tomar

взимам

tener

имам

hacer

правя

ser

съм

estar parado

стоя

correr

тичам

tirar

дърпам

tirar

хвърлям

caer

падам

estar acostado

лежа

esperar

чакам

llevar

нося

estar sentado

седя

vestirse

обличам

dormir

спя

despertar

събуждам се

actividades - дейности

mirar

разглеждам

llorar

плача

acariciar

милвам

peinar

реша се

hablar

говоря

entender

разбирам

preguntar

питам

escuchar

слушам

beber

пия

comer

ям

ordenar

разтребвам

amar

обичам

cocinar

готвя

manejar

карам автомобил

volar

летя

navegar

плавам (с платна)

calcular

смятане

leer

чета

aprender

уча

trabajar

работя

casarse

женя се

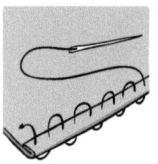

coser

шия

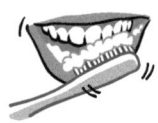

cepillarse los dientes

измивам си зъбите

matar

убивам

fumar

пуша

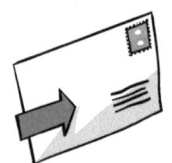

enviar

изпращам

abuela
баба

abuelo
дядо

padre
баща

madre
майка

bebé
бебе

hija
дъщеря

hijo
син

invitado
....
посетител

tía
....
леля

tío
....
чичо

hermano
....
брат

hermana
....
сестра

cuerpo
тяло

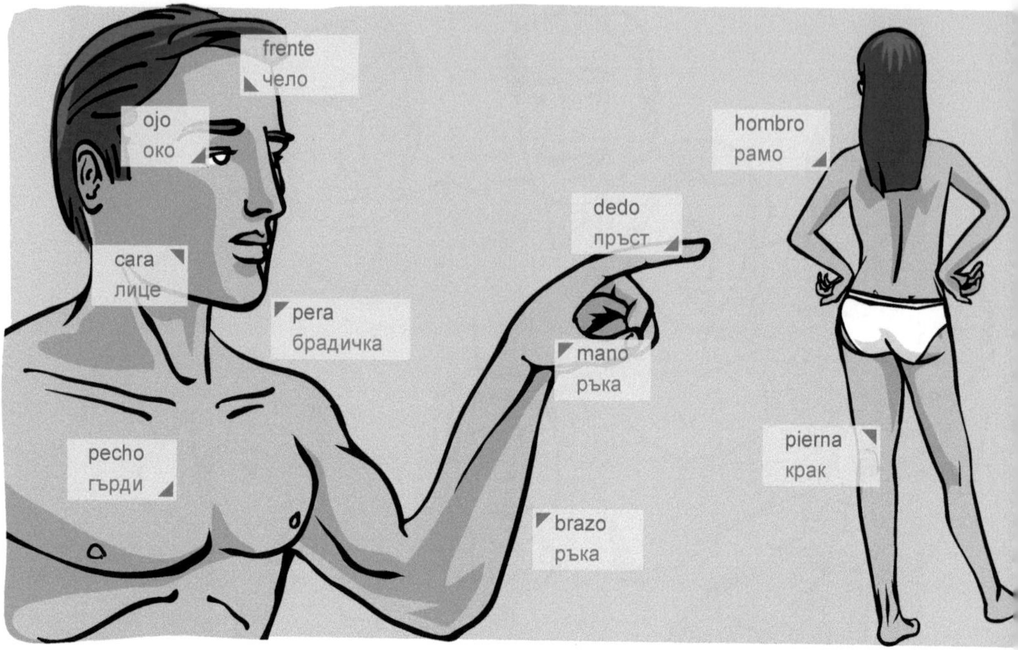

frente
чело

ojo
око

hombro
рамо

dedo
пръст

cara
лице

pera
брадичка

mano
ръка

pecho
гърди

pierna
крак

brazo
ръка

bebé

бебе

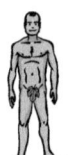

hombre

мъж

mujer

жена

nena

момиче

nene

момче

cabeza

глава

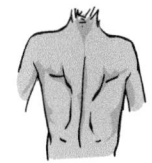

espalda

гръб

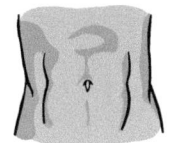

panza

корем

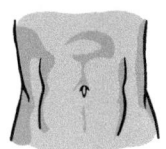

ombligo

пъп

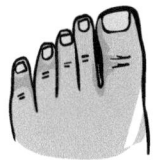

dedo del pie

пръст на крака

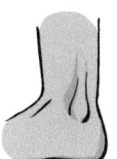

talón

пета

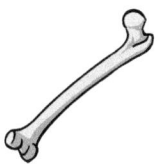

hueso

кост

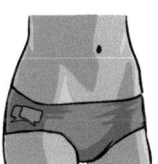

cadera

хълбок

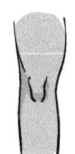

rodilla

коляно

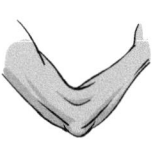

codo

лакът

nariz

нос

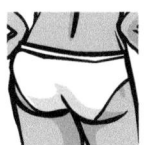

cola

седалище

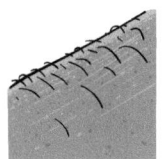

piel

кожа

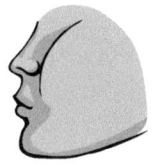

cachete

буза

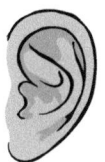

oreja

ухо

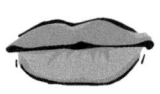

labio

устна

boca

уста

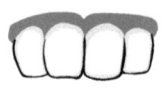

diente

зъб

lengua

език

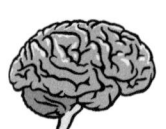

cerebro

мозък

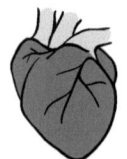

corazón

сърце

músculo

мускул

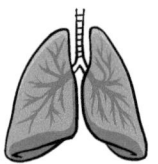

pulmón

бял дроб

hígado

черен дроб

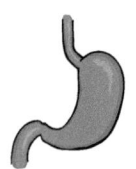

estómago

стомах

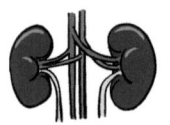

riñones

бъбреци

sexo

полово сношение

preservativo

кондом

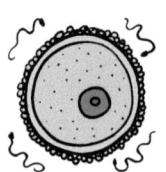

óvulo

яйцеклетка

semen

сперма

embarazo

бременност

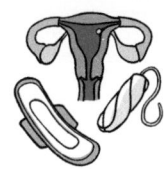

menstruación
менструация

vagina
вагина

pene
пенис

ceja
вежда

pelo
коса

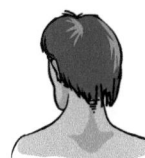

cuello
шия

hospital
болница

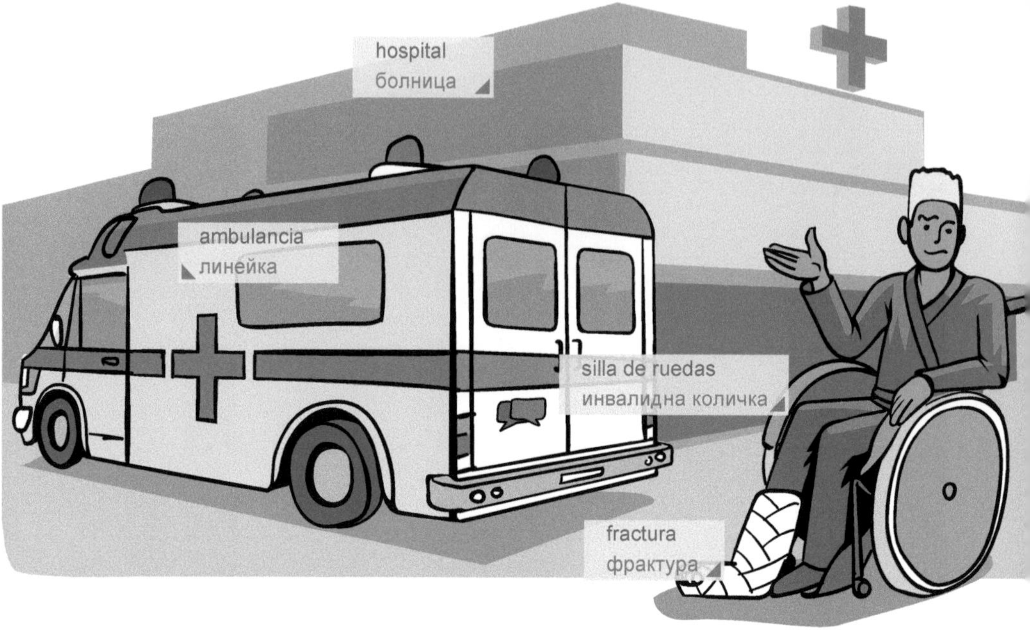

hospital
болница
ambulancia
линейка
silla de ruedas
инвалидна количка
fractura
фрактура

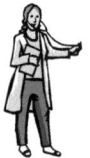

médico

лекар

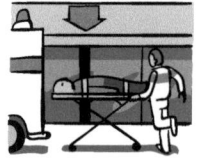

sala de guardia

спешна хоспитализация

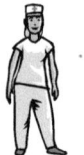

enfermera

медицинска сестра

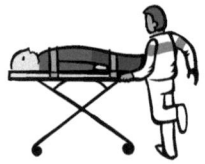

emergencia

спешен случай

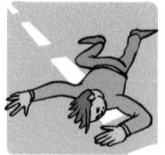

inconsciente

в безсъзнание

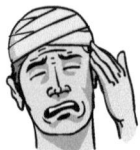

dolor

болка

lesión

нараняване

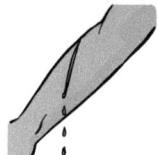

hemorragia

кървене

infarto

инфаркт

ACV

инсулт

alergia

алергия

tos

кашлица

fiebre

температура

gripe

грип

diarrea

диария

dolor de cabeza

главоболие

cáncer

рак

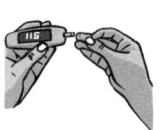

diabetes

диабет

cirujano

хирург

bisturí

скалпел

operación

операция

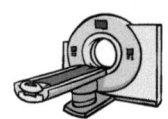

TC

компютърна томография

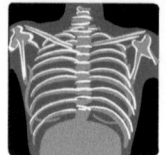

rayos x

рентген

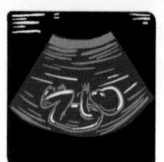

ecografía

ултразвук

barbijo

маска

enfermedad

болест

sala de espera

чакалня

muleta

патерица

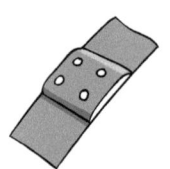

curita

пластир

venda

превръзка

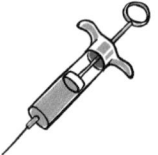

inyección

инжекция

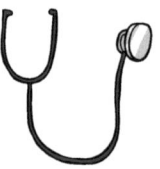

estetoscopio

стетоскоп

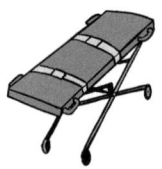

camilla

носилка

termómetro

термометър

nacimiento

раждане

sobrepeso

наднормено тегло

audífono

слухов апарат

desinfectante

дезинфекционно средство

infección

инфекция

virus

вирус

VIH / SIDA

HIV / AIDS

remedio

медицина

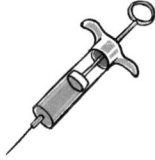

vacunación

ваксинация

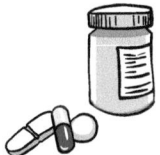

comprimidos

таблети

pastilla anticonceptiva

противозачатъчна
таблетка

llamada de emergencia

спешно телефонно
обаждане

tensiómetro

апарат за измерване на
кръвното налягане

enfermo / sano

болен / здрав

¡Ayuda!

Помощ!

alarma

сигнал за тревога

agresión

нападение

ataque

атака

peligro

опасност

salida de emergencia

авариен изход

¡Fuego!

Пожар!

matafuego

пожарогасител

accidente

злополука

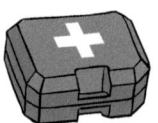

botiquín de primeros
auxilios

комплект за оказване на
първа помощ

SOS

SOS

policía

полиция

Europa

Европа

América del Norte

Северна Америка

América del Sur

Южна Америка

África

Африка

Asia

Азия

Australia

Австралия

Atlántico

Атлантически океан

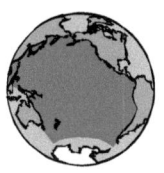

Pacífico

Тихи океан

Océano Índico

Индийски океан

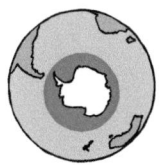

Océano Antártico

Южен ледовит океан

Océano Ártico

Северен ледовит океан

polo norte

Северен полюс

polo sur
....
Южен полюс

Antártida
....
Антарктида

Tierra
....
Земя

tierra
....
суша

mar
....
море

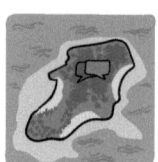

isla
....
остров

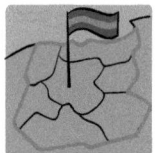

nación
....
нация

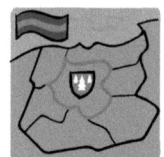

estado
....
държава

esfera

циферблат

manecilla de las horas

стрелка на часовете

minutero

стрелка на минутите

segundero

стрелка на секундите

¿Qué hora es?

Колко е часът?

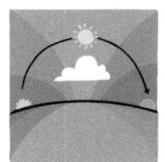

día

ден

hora

време

ahora

сега

reloj digital

дигитален часовник

minuto

минута

hora

час

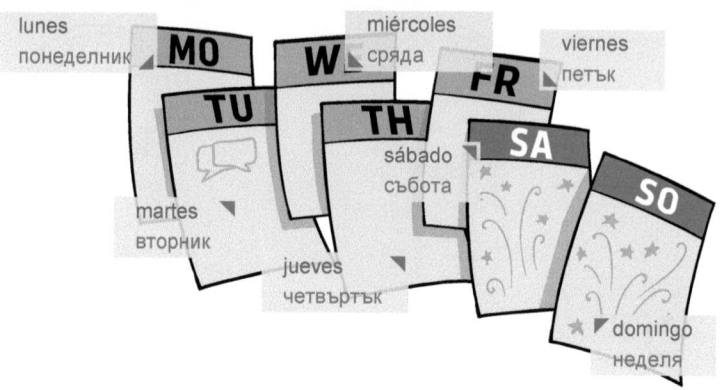

lunes
понеделник **MO**

TU

miércoles
сряда **W**

TH

viernes
петък **FR**

sábado
събота **SA**

SO

martes
вторник

jueves
четвъртък

domingo
неделя

ayer

вчера

hoy

днес

mañana

утре

mañana

сутрин

mediodía

обед

tarde

вечер

MO	TU	WE	TH	FR	SA	SU
1	2	3	4	5	6	7
8	9	10	11	12	13	14
15	16	17	18	19	20	21
22	23	24	25	26	27	28
29	30	31	1	2	3	4

días hábiles

работни дни

MO	TU	WE	TH	FR	SA	SU
1	2	3	4	5	6	7
8	9	10	11	12	13	14
15	16	17	18	19	20	21
22	23	24	25	26	27	28
29	30	31	1	2	3	4

fin de semana

уикенд

año

година

lluvia
дъжд
arco iris
дъга
nieve
сняг
viento
вятър
primavera
пролет
otoño
есен
verano
лято
invierno
зима

4.APRIL 11°
5.APRIL 4°
6.APRIL 13°
7.APRIL 8°
8.APRIL 10°

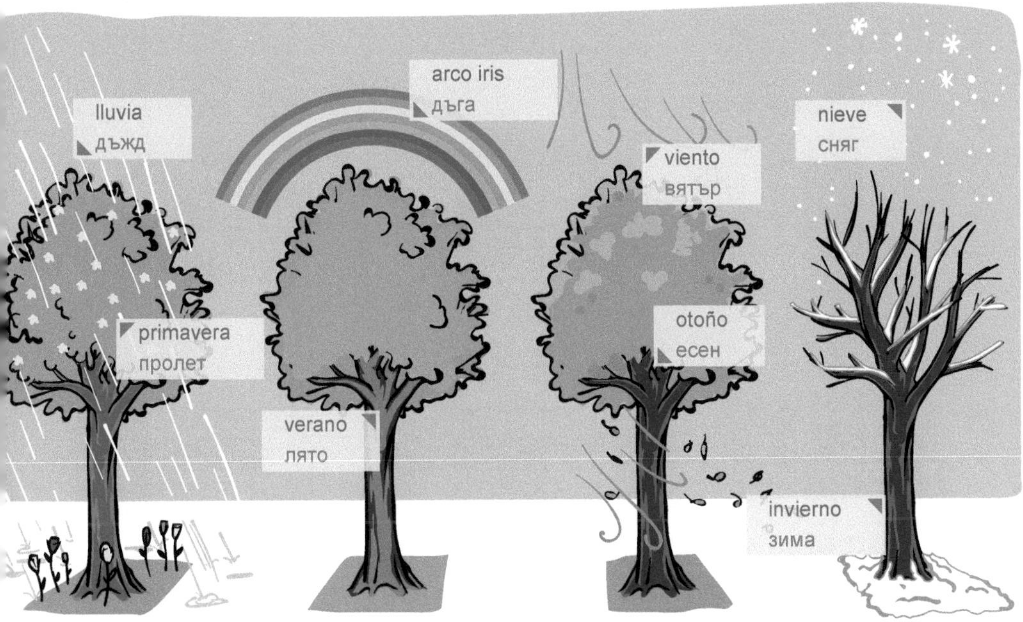

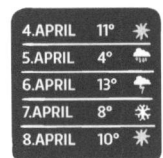

pronóstico meteorológico

прогноза за времето

F
C
120
90
60
30
0
-30
40
30
20
10
0
-10
-20

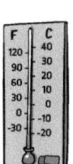

termómetro

термометър

luz del sol

слънчева светлина

nube

облак

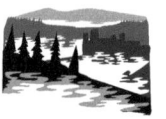

niebla

мъгла

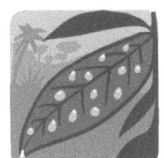

humedad

влажност на въздуха

rayo

светкавица

trueno

гръмотевица

tormenta

буря

granizo

градушка

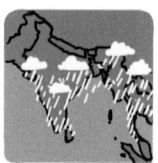

monzón

мусон

inundación

наводнение

hielo

лед

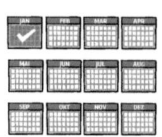

enero

януари

febrero

февруари

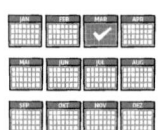

marzo

март

abril

април

mayo

май

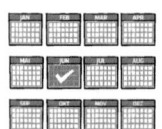

junio

юни

julio

юли

agosto

август

año - година

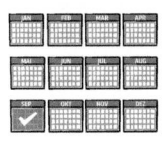

septiembre
....
септември

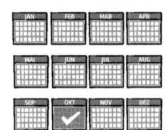

octubre
....
октомври

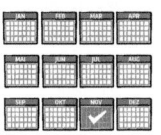

noviembre
....
ноември

diciembre
....
декември

formas
форми

círculo
....
кръг

cuadrado
....
квадрат

rectángulo
....
четириъгълник

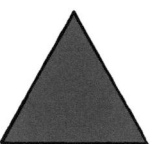

triángulo
....
триъгълник

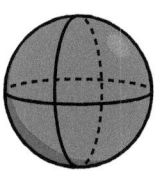

esfera
....
сфера

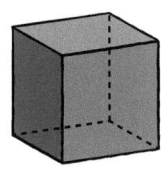

cubo
....
куб

blanco

бял

amarillo

жълт

naranja

оранжев

rosa

розов

rojo

червен

violeta

лилав

azul

син

verde

зелен

marrón

кафяв

gris

сив

negro

черен

mucho / poco

много / малко

enojado / tranquilo

ядосан / спокоен

lindo / feo

красив / грозен

principio / fin

начало / край

grande / chico

голям / малък

claro / oscuro

светъл / тъмен

hermano / hermana

брат / сестра

limpio / sucio

чист / мръсен

completo / incompleto

пълен / непълен

día / noche

ден / нощ

muerto / vivo

мъртъв / жив

ancho / angosto

широк / тесен

comestible / no comestible

ядлив / неядлив

malo / amable

сърдит / любезен

entusiasmado / aburrido

развълнуван / скучаещ

gordo / flaco

дебел / тънък

primero / último

най-напред / най-накрая

amigo / enemigo

приятел / враг

lleno / vacío

пълен / празен

duro / blando

твърд / мек

pesado / liviano

тежък / лек

hambre / sed

глад / жажда

enfermo / sano

болен / здрав

ilegal / legal

нелегален / легален

inteligente / estúpido

интелигентен / глупав

izquierda / derecha

ляво / дясно

cerca / lejos

близо / далече

nuevo / usado

нов / употребяван

nada / algo

нищо / нещо

viejo / joven

стар / млад

encendido / apagado

вкл. / изкл.

abierto / cerrado

отворен / затворен

silencioso / ruidoso

тих / силен (звук)

rico / pobre

богат / беден

correcto / incorrecto

правилен / погрешен

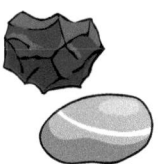

áspero / suave

грапав / гладък

triste / contento

тъжен / щастлив

corto / largo

дълъг / къс

lento / rápido

бавен / бърз

mojado / seco

мокър / сух

caliente / frío

топъл / студен

guerra / paz

война / мир

0	1	2
cero	uno	dos
нула	едно	две

3	4	5
tres	cuatro	cinco
три	четири	пет

6	7	8
seis	siete	ocho
шест	седем	осем

9	10	11
nueve	diez	once
девет	десет	единадесет

12

doce

дванадесет

13

trece

тринадесет

14

catorce

четиринадесет

15

quince

петнадесет

16

dieciséis

шестнадесет

17

diecisiete

седемнадесет

18

dieciocho

осемнадесет

19

diecinueve

деветнадесет

20

veinte

двадесет

100

cien

сто

1.000

mil

хиляда

1.000.000

millón

милион

inglés

английски

inglés americano

американски английски

chino mandarín

китайски мандарин

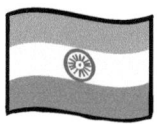

hindi

хинди

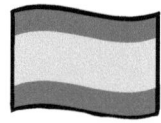

español

испански

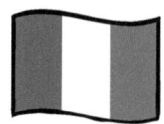

francés

френски

árabe

арабски

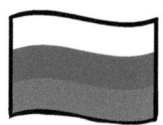

ruso

руски

portugués

португалски

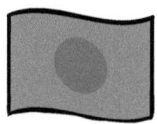

bengalí

бенгалски

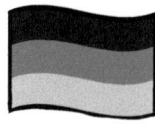

alemán

немски

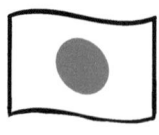

japonés

японски

yo

аз

vos

ти

él / ella

той / тя / то

nosotros

ние

ustedes

вие

ellos

те

¿quién?

кой?

¿qué?

какво?

¿cómo?

как?

¿dónde?

къде?

¿cuándo?

кога?

nombre

име

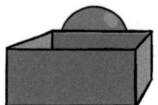

detrás

зад

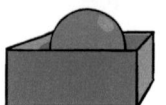

en

в

adelante de

пред

por encima de

над

sobre

върху

debajo de

под

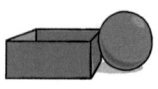

al lado de

до

entre

между

lugar

място